LA FEMME EN ISLAM

LE MYTHE ET LA REALITE

ET DANS LA TRADITION JUDEO-CHRETIENNE

المرأة في الإسلام وفي النصرانية واليهودية

بين الأوهام والحقائق

Par

Dr Chérif Abdel-Azim

د. شريف عبد العظيم

LA FEMME EN ISLAM

SOMMAIRE

Au nom d'Allah, le Tout Miséricordieux, le Très Miséricordieux

INTRODUCTION

Il y a cinq ans, j'ai lu dans l'édition du 3 juillet, 1990 du Toronto Star un article intitulé « l'Islam n'est pas la seule doctrine patriarcale», écrit par Gwynne Dyer. L'article décrivait les réactions furieuses des participants d'une conférence tenue à Montréal sur le thème de la femme et du pouvoir, sur les commentaires de Dr. Nawal Saadawi, célèbre féministe égyptienne. Parmi ses déclarations politiquement incorrectes: "les   éléments les plus restrictifs envers les femmes sont trouvés d'abord dans le judaïsme dans l'ancien testament, puis dans le christianisme et puis dans le Coran " "toutes les religions sont patriarcales parce qu'elles proviennent des sociétés patriarcales" ; et "voiler les femmes n'est pas une pratique spécifiquement islamique mais un ancien héritage culturel avec des analogies dans les religions soeurs". Les participants ne pouvaient supporter de rester assis tandis qu'on mettait à égal leurs religions avec l'Islam. Ainsi, Dr. Saadawi a reçu un tir barrage de critiques. "Les commentaires de Dr. Saadawi sont inacceptable. Ses réponses indiquent un manque de compréhension en ce qui concerne les fois des autres,"a déclaré Bernice Dubois du Mouvement Mondial des Mères ou " World Movement of Mothers ". " Je dois protester", a dit le membre du panel, Alice Shalvi, du Réseau des Femmes d'Israël,"il n'existe aucune conception du voile dans le judaïsme."L'article a attribué ces protestations furieuses à la forte tendance générale de l'Occident de faire retomber sur l'Islam les pratiques qui justement forment une partie du propre héritage culturel de l'Occident. " les féministes chrétiennes et juives n'allaient pas tout de même s'asseoir comme ça et être discuté dans la même catégorie que celles de ces méchants musulmans,"a écrit Gwynne Dyer.

Je ne fus pas vraiment surpris que les participants de cette conférence aient une telle opinion si négative de l'Islam, particulièrement quand le sujet de femmes était en question. Dans l'occident, on pense que l'Islam est le symbole de la subordination des femmes par excellence. Pour comprendre combien cette croyance est ferme, il serai suffisant de mentionner que le Ministre de l'Education en France, le pays de Voltaire, a récemment donné ses ordres d'expulser des écoles françaises toutes les jeunes femmes musulmanes portant le voile! Une jeune étudiante musulmane portant un voile est nié son droit d'éducation en France, alors qu'un étudiant catholique portant une croix ou un étudiant juif portant un kippa ne l'est pas. La scène des policiers français empêchant les jeunes femmes musulmanes portant des voiles d'entrer au lycée est inoubliable.

Cette scène inspire les mémoires d'une autre scène également déshonorante du gouverneur George Wallace de l'Alabama en 1962 se tenant devant la porte d'une école essayant de bloquer l'entrée des étudiants noirs afin d'empêcher la déségrégation des écoles de l'Alabama. La différence entre les deux scènes est que les étudiants noirs ont eu la sympathie de tant de personnes aux Etats-Unis et dans le monde entier. Le Président Kennedy a envoyé la Garde Nationale des Etats-Unis pour forcer l'entrée des étudiants noirs. Par contre, les filles musulmanes, n'ont reçu aucune aide de n'importe quelle personne. Leur cause semble n'avoir attirer aucune sympathie aussi bien à l'intérieur ou à l'extérieur de la France. La raison en est le malentendu et la crainte vastement répandus envers tout ce qui est islamique aujourd'hui dans le monde. Ce qui m'a intrigué le plus en ce qui concerne la conférence de Montréal était une question : Les commentaires de Dr. Saadawi, ou n'importe lequel de ses critiques, étaient-ils basées sur des faits? En d'autres termes, le judaïsme, le christianisme, et l'Islam ont-ils la même conception des femmes ou sont-ils différents dans leurs conceptions ? Le judaïsme et le christianisme, offrent-ils vraiment, aux femmes un meilleur traitement que celui de l'Islam? Quelle est la Vérité ?Il n'est pas facile de faire des recherches et de trouver des réponses à des questions aussi difficiles. La première difficulté est qu'on doit être équitable et objectif ou, au moins, faire de notre mieux pour être ainsi. C'est ce que l'Islam nous enseigne. Le Coran exige aux musulmans de dire la vérité même si ceux qui sont très proches d'eux ne l'aiment pas : Et quand vous parlez, soyez équitables même s'il s'agit d'un proche parent. (Coran 6:152); Ô les croyants! Observez strictement la justice et soyez des témoins (véridiques) comme Allah l'ordonne, fût-ce contre vous-mêmes, contre vos père et mère ou proches parents. Qu'il s'agisse d'un riche ou d'un besogneux … (Coran 4:135).

L'autre grande difficulté est la grandeur accablante du sujet. Par conséquent, pendant les dernières années, j'ai dédié beaucoup de temps pour lire la bible, l'encyclopédie de la religion, et l'encyclopédie Judaïque pour chercher des réponses. J'ai également lu plusieurs livres écrites par des étudiants, des apologistes, et des critiques qui discutent la position des femmes dans les différentes religions. Le matériel présenté dans les chapitres suivants représente les résultats importants de cette humble recherche. Je ne prétends pas être absolument objectif. C'est au delà de ma capacité limitée. Tout ce que je peux dire est que j'ai essayé, à travers cette recherche, d'approcher l'idéal Coranique de « parler juste ». Je voudrais souligner dans cette introduction que mon but de cette étude n'a jamais été de dénigrer le judaïsme ou le christianisme. En tant que musulmans, nous croyons à l'origine divine des deux. Aucun musulman ne peut être un vrai musulman sans croire en Moïse et Jésus en tant que grands prophètes de Dieu. Mon but est seulement de défendre l'Islam et de rendre hommage, longuement en retard dans l'occident, au message véridique final de Dieu à la race humaine. Je voudrais également souligner que je ne me suis occupé que des Doctrines. C'est-à-dire, ma préoccupation principale est la position des femmes dans les trois religions telle qu'elle est indiquée dans leurs sources originales non pas telle qu'elle est pratiqué par les millions de fidèles dans le monde d'aujourd'hui. Par conséquent, la majeure partie des évidences citées provient du Coran , des paroles du prophète Muhammad, de la bible, du Talmud, et des paroles des Pères les plus influents de L'Eglise dont les opinions ont contribué intensément à définir et modeler le christianisme. Cet intérêt en ce qui concerne les sources revient au fait que la compréhension d'une certaine religion par l'attitude et le comportement de certains de ses fidèles est trompeuse. En fait, beaucoup de gens confondent culture et religion, tandis que d'autres ne savent pas ce que leurs livres religieux indiquent, bien que d'autres ne s'en soucient même pas.

La faute d'Eve

*L*es trois religions conviennent sur un fait de base :
Les femmes et les hommes sont créés par Dieu, le créateur de l'univers entier. Cependant, le désaccord commence peu après la création du premier homme, Adam, et de la première femme, Eve. La conception de Judéo-chrétienne de la création d'Adam et d'Eve est narrée en détail dans la Genèse 2:4-3:24. Dieu leur a interdit de manger des fruits de l'arbre interdit. Le serpent a séduit Eve à manger de cet arbre et Eve, à son tour, a séduit Adam à manger avec elle. Quand Dieu reprocha Adam pour ce qu'il a fait, il a jeté tout le blâme sur Eve, " La femme que tu [m']as donnée [pour être] avec moi, elle, m'a donné de l'arbre, et j'en ai mangé. » Par conséquent, Dieu dit à Eve : " Je rendrai très grandes tes souffrances et ta grossesse ; en travail tu enfanteras des enfants, et ton désir sera [tourné] vers ton mari, et lui dominera sur toi. " À Adam il a dit : " Parce que tu as écouté la voix de ta femme et que tu as mangé de l'arbre ….. Maudit est le sol à cause de toi ; tu en mangeras [en travaillant] péniblement tous les jours de ta vie."

La conception islamique de la création originelle se trouve dans plusieurs endroits dans le Coran , par exemple : « Ô Adam, habite le Paradis, toi et ton épouse; et mangez en vous deux, à votre guise; et n'approchez pas l'arbre que voici; sinon, vous seriez du nombre des injustes. Puis le Diable, afin de leur rendre visible ce qui leur était caché - leurs nudités - leur chuchota, disant: «Votre Seigneur ne vous a interdit cet arbre que pour vous empêcher de devenir des Anges ou d'être immortels». Et il leur jura: «Vraiment, je suis pour vous deux un bon conseiller. Alors il les fit tomber par tromperie. Puis, lorsqu'ils eurent goûté de l'arbre, leurs nudités leur devinrent visibles; et ils commencèrent tous deux à y attacher des feuilles du Paradis. Et leur Seigneur les appela: «Ne vous avais-Je pas interdit cet arbre? Et ne vous avais-Je pas dit que le Diable était pour vous un ennemi déclaré?. Tous deux dirent: «Ô notre Seigneur, nous avons fait du tort à nous-mêmes. Et si Tu ne nous pardonnes pas et ne nous fais pas miséricorde, nous serons très certainement du nombre des perdants». (Coran 7:19:23).

Un soigneux examen des deux comptes de l'histoire de la Création indique quelques différences essentielles. Le Coran, contrairement à la bible, jette également le blâme sur Adam et Eve pour leur erreur. On ne trouve nul part dans le Coran le plus petit indice qu'Eve ait trompé Adam en lui faisant mangé de l'arbre, ou même qu'elle ait mangé avant lui. Eve dans le Coran n'est ni tentatrice, ni séductrice, et ni trompeuse. En outre, on ne peut attribuer à Eve les souffrances de la grossesse. Dieu, selon le Coran, ne punit personne pour les erreurs commises par un autre. Adam et Eve ont tous deux commis un péché et ont demandé pardon à Dieu et Il leur a tous deux pardonné.

HERITAGE D'EVE

L'image d'Eve comme tentatrice dans la Bible a eu pour résultat un impact extrêmement négatif sur les femmes tout au long de la tradition judéo-chrétienne. Toutes les femmes sont censées avoir hérité de leur mère, la biblique Eve, sa culpabilité et sa malignité. En conséquence, elles étaient toutes indignes de confiance, moralement inférieures et malfaisantes. Menstruation, grossesse et accouchement étaient considérés comme les justes punitions de la culpabilité éternelle du sexe féminin maudit. Pour apprécier à quel point négatif était l'impact de cette Eve biblique sur toutes ses descendantes féminines, nous devons nous pencher sur quelques écrits des plus célèbres juifs et chrétiens de tous les temps. Commençons par l'Ancien Testament et lisons ce qu'on appelle la Littérature Sage: " Et j'ai trouvé plus amère que la mort la femme dont le coeur est un piège et un filet, et dont les mains sont des liens; celui qui est agréable à Dieu lui échappe, mais le pécheur est pris par elle. Voici ce que j'ai trouvé, dit l'Ecclésiaste, en examinant les choses une à une pour en saisir la raison; voici ce que mon âme cherche encore, et que je n'ai point trouvé. J'ai trouvé un homme entre mille; mais je n'ai pas trouvé une femme entre elles toutes. " (Ecclésiaste 7:26-28).

Dans une autre partie de la littérature hébraïque disponible dans la Bible catholique, nous lisons: " toute malice, plutôt que la malice de la femme "… " La femme a été le principe du péché, et c'est à cause d'elle nous devons tous mourir" (Ecclésiaste-25:19,24).

Les rabbins juifs ont établi une liste de neuf malédictions infligées à la femme depuis la Chute d'Adam et d'Eve: "A la femme Il donna neuf malédictions et la mort: la peine du sang des règles et de la virginité; le fardeau de la grossesse; la souffrance de l'accouchement; la charge d'élever les enfants; sa tête est couverte comme en deuil; elle se perce les oreilles telle l'esclave à vie, qui sert son maître; elle n'est pas assez crédible comme témoin; et après tout cela: la mort.

Au jour d'aujourd'hui, les hommes juifs orthodoxes récitent dans leur prière quotidienne du matin "Béni le Dieu Roi de l'univers, qui ne m'a pas fait femme". La femme, de son côté, remet Dieu chaque matin "de l'avoir faite selon Sa volonté"[3] Une autre prière qu'on trouve dans de nombreux livres de prières juifs: "Loué soit Dieu de ne pas m'avoir créé un Gentil. Loué soit Dieu de ne pas m'avoir créé femme. Loué soit Dieu de ne pas m'avoir créé ignare." [4]

L'Eve biblique a joué un bien plus grand rôle dans le christianisme que dans le judaïsme. Son péché constitue un pivot de la foi chrétienne toute entière car la raison, selon les chrétiens, pour laquelle Jésus Christ serait venu sur Terre découle directement de la désobéissance d'Eve à Dieu. Elle a commis un péché, séduit Adam en le poussant à faire de même. En conséquence, Dieu les expulsa tous deux des Jardins d'Eden sur Terre, maudite par leur cause. Ils léguèrent leur péché, qui n'a pas été pardonné par Dieu, à tous leurs descendants, et par conséquent, tous les êtres humains naissent dans le péché. Pour purifier l'humanité du 'péché originel', Dieu devait sacrifier Jésus, qu'ils estiment le Fils de Dieu, sur la croix. En conséquence, Eve est responsable de sa propre erreur, du péché de son mari, du péché originel de toute l'humanité, et de la mort du Fils de Dieu. Autrement dit, une femme, agissant de son propre chef, a causé la chute de l'humanité [5].

Que dire de ces filles? Elles sont aussi pécheresses qu'Eve et doivent être traitées comme elle. Ecoutez le ton sévère de Saint Paul dans le Nouveau Testament: Que la femme apprenne dans le silence, en toute soumission ; Mais je ne permets pas à la femme d'enseigner ni d'user d'autorité sur l'homme ; mais elle doit demeurer dans le silence ; Car Adam a été formé le premier, et puis Ève ; Et Adam n'a pas été trompé ; mais la femme, ayant été trompée, est tombée dans la transgression ; (I Timothée-2:11-14).

St. Tertullien mâche encore moins ses mots que St Paul, alors qu'il parlait à ses 'bien aimées soeurs' dans la foi, il disait: "Savez vous que vous êtes chacune une Eve? La sentence de Dieu sur votre sexe subsiste aujourd'hui: la culpabilité doit donc exister nécessairement. Vous êtes la porte du Démon: vous avez décacheté l'arbre interdit. Vous avez déserté les premières la loi divine: vous avez persuadé celui que le démon n'a pas été assez courageux pour attaquer de face. Vous avez détruit si facilement l'image de Dieu, l'homme. Par la cause de votre désobéissance, même le Fils de Dieu a dû mourir."

St Augustin fut fidèle à l'héritage de ses prédécesseurs, en écrivant à un ami: "Quelle différence que ce soit une épouse ou une mère? Nous devons toujours prendre garde d'Eve tentatrice qui subsiste dans chaque femme......je ne vois pas....quelle utilisation peut faire l'homme de la femme, si on exclut la fonction d'élever les enfants." Des siècles plus tard, St Thomas d'Aquin considérait toujours les femmes comme défectueuse. "En ce qui concerne sa nature individuelle, la femme est défectueuse et mal élevée, car la force active contenue dans la semence male tend à produire une similarité parfaite du sexe masculin. Alors que la production d'une femme vient d'un défaut dans la force active ou d'un manque d'une certaine matière ou même d'une influence externe.

Finalement, le renommé réformateur Martin Luther ne pouvait voir aucun profit d'une femme si ce n'est d'amener au monde autant d'enfants que possible, peu importe les effets secondaires: " Si elles se fatiguent ou meurent, cela n'a pas d'importance. Laissez les mourir durant l'accouchement, c'est pourquoi elle sont là". Encore et encore, toutes les femmes sont dénigrées à cause de l'image d'Eve la tentatrice, grâce au récit de la Genèse. Pour résumer, la conception judéo-chrétienne de la femme a été empoisonnée par la croyance dans la nature pécheresse d'Eve et de sa progéniture. Si nous prêtons notre attention à ce que le Coran dit au sujet de la femme, nous nous apercevons bientôt que la conception islamique de la femme est radicalement différente de la tradition judéo-chrétienne.

Le Coran indique: " Les Musulmans et Musulmanes, croyants et croyantes, obéissants et obéissantes, loyaux et loyales, endurants et endurantes, craignants et craignantes, donneurs et donneuses d'aumònes, jeûnants et jeûnantes, gardiens de leur chasteté et gardiennes, invocateurs souvent d'Allah et invocatrices: Allah a préparé pour eux un pardon et une énorme récompense. ", sourate Al 'Ahzâb (33), verset 35.

" Les croyants et les croyantes sont alliés les uns des autres. Ils commandent le convenable, interdisent le blâmable accomplissent la Salât, acquittent la Zakat et obéissent à Allah et à Son messager. Voilà ceux auxquels Allah fera miséricorde, car Allah est Puissant et Sage. ", Sourate At-Tawba (9), verset 71.

" Leur Seigneur les a alors exaucés (disant): ‹En vérité, Je ne laisse pas perdre le bien que quiconque parmi vous a fait, homme ou femme, car vous êtes les uns des autres. " :Sourate Al 'Imrân (3), verset 195.

" Quiconque fait une mauvaise action ne sera rétribué que par son pareil; et quiconque, mâle ou femelle, fait une bonne action tout en étant croyant, alors ceux-là entreront au Paradis pour y recevoir leur subsistence sans compter."
Sourate Ghâfir (40), verset 40.

" Quiconque, mâle ou femelle, fait une bonne oeuvre tout en étant croyant, Nous lui ferons vivre une bonne vie. Et Nous les récompenserons, certes, en fonction des meilleures de leurs actions. " : Sourate An-Nahl (16), verset 97.

Il est clair que le regard coranique porté sur la femme ne diffère en rien de celui porté sur l'homme. Ils sont tous deux les créatures de Dieu et leurs but sublime est l' adoration de leur Seigneur, exercer les bonnes actions, et ne pas commettre les péchés, et ils seront, tous deux, évalués en conséquence. Le Coran ne mentionne jamais que la femme est la porte du Satan ou qu'elle est trompeuse par nature. Le Coran ne mentionne jamais non plus que l'homme est l'image de Dieu; tous les hommes et femmes sont Ses créatures, c'est tout. Selon le Coran, le rôle de la femme sur terre n'est pas limité à l'accouchement. Il lui est nécessaire de faire autant de bonnes actions que n'importe quel autre homme. Le Coran ne dit jamais qu'aucune femme honnête n'aurait jamais existé. Au contraire, le Coran a chargé tous les croyants, autant les femmes que les hommes, de suivre l'exemple de ces femmes idéales telles que la Vierge Marie et la femme de Pharaon : " et Allah a cité en parabole pour ceux qui croient, la femme de Pharaon, quand elle dit "Seigneur, construis-moi auprès de Toi une maison dans le Paradis, et sauve-moi de Pharaon et de son œuvre; et sauve-moi des gens injustes".

De même, Marie, la fille d'`Imrân qui avait préservé sa virginité; Nous y insufflâmes alors de Notre Esprit. Elle avait déclaré véridiques les paroles de son Seigneur ainsi que Ses Livres: elle fut parmi les dévoués. ", sourate at-Tahrîm (66), versets 11-12

FILLES HONTEUSES?

En fait, la divergence entre l'attitude biblique et coranique envers le sexe féminin commence dès la naissance de la petite fille. Par exemple, la Bible déclare que la période d'impureté rituelle de la mère est deux fois plus longue si l'enfant est une fille que s'il est un garçon. (Lévitique 12:2-5). La Bible Catholique déclare explicitement que : " La naissance d'une fille est une perte " (Ecclésiaste 22:3).

Contrairement à cela, les garçons reçoivent une louange particulière :
" Un homme qui éduque son fils sera envié de son ennemi. " (Ecclésiaste 30:3)

Les rabbins juifs ont rendu obligatoire pour les hommes juifs la progéniture dans le but de propager la race. Dans le même temps, ils ne cachaient pas leur claire préférence pour les enfants mâles :
" C'est un bienfait pour ceux dont les enfants sont mâles mais un mal pour ceux dont les enfants sont femelles ", " A la naissance d'un garçon, tous sont joyeux.. à la naissance d'une fille, tous sont tristes ", et " Quand un garçon arrive au monde, la paix arrive au monde.. quand une fille arrive, rien n'arrive. " [7]

On considère la fille comme un fardeau douloureux, une source potentielle de honte pour son père : " Ta fille est indocile? Surveille-la bien, qu'elle n'aille pas faire de toi la risée de tes ennemis, la fable de la ville, l'objet des commérages, et te déshonorer aux yeux de tous. " (Ecclésiaste 42:11).
" Méfie-toi bien d'une fille hardie de peur que, se sentant les coudées franches, elle n'en profite. Garde-toi bien des regards effrontés et ne t'étonne pas s'ils t'entraînent au mal. " (Ecclésiaste 26:10-11).

Ce fut exactement cette même idée de la fille source de déshonneur, qui poussait les Arabes païens , avant l'avènement de l'Islam à pratiquer l'infanticide femelle. Le Saint Coran condamna sévèrement cette pratique haineuse:

"Et lorsqu'on annonce à l'un d'eux une fille, son visage s'assombrit et une rage profonde [l'envahit]. Il se cache des gens, à cause du malheur qu'on lui a annoncé. Doit-il la garder malgré la honte ou l'enfouira-t-il dans la terre? Combien est mauvais leur jugement! " (16:58-59).

Mentionnons que ce crime sinistre n'aurait jamais cessé en Arabie n'eusse été la puissance des mots acerbes utilisés par le Coran pour condamner cette pratique
(16:59, 43:17, 81:8-9).

Le Coran, en outre, n'opère aucune distinction entre fille et garçon. Contrairement à la Bible, le Coran considère la naissance d'une fille comme un cadeau et une bénédiction de Dieu, tout comme la naissance d'un garçon. Le Coran mentionne même le bienfait de la naissance d'une fille en premier : " A Allah appartient la royauté des cieux et de la terre. Il crée ce qu'Il veut. Il fait don de filles à qui Il veut, et don de garçons à qui Il veut, " (42:49). Pour balayer les traces d'infanticide de fille, dans une société musulmane en expansion, le Prophète Muhammad ﷺ a promis à ceux qui étaient gratifiés d'une fille une énorme récompense s'ils élevaient leur fille avec bonté : " Celui qui s'engage à élever ses filles, et accorde ses soins bénévolement envers elles, ce sera une protection pour lui contre le Feu de l'Enfer " (Bukhari et Muslim). " Quiconque élève deux filles jusqu'à leur maturité, lui et moi viendront le Jour de la Résurrection comme ceci ; et il joignit ses doigts " (Muslim).

EDUCATION FEMININE?

*L*a différence entre les conceptions Bibliques et Coraniques des femmes n'est pas limitée aux nouvelles filles nées, mais elle s'étend bien plus loin que cela. Comparons entre les attitudes Bibliques et Coraniques envers une fille qui essaye de s'éduquer dans sa religion. Le coeur du judaïsme est la Torah, la loi. Cependant, selon le Talmud, " les femmes sont dispensées de l'étude de la Torah. " Certains rabbins juifs déclarent fermement " Que les mots de la Torah soient détruits par le feu est préférable à ce qu'ils soient confiés à une femme. " et " Quiconque a enseigné la Torah à sa fille est comme celui qui lui a enseigné l'obscénité. "[8]

L'attitude de St. Paul dans le Nouveau Testament n'est pas plus lumineuse: " Comme dans toutes les Églises des saints, que les femmes se taisent dans les assemblées, car il ne leur est pas permis de prendre la parole ; qu'elles se tiennent dans la soumission, selon que la Loi même le dit. Si elles veulent s'instruire sur quelque point, qu'elles interrogent leur mari à la maison ; car il est inconvenant pour une femme de parler dans une assemblée. " (I Corinthiens 14:34-35)

Comment une fille peut-elle apprendre si elle n'est pas autorisée à parler? Comment peut-elle se développer intellectuellement si on la maintient dans un état de complète soumission? Comment peut elle élargir ses horizons si sa seule et unique source d'information est son mari à la maison?

Maintenant, et pour être juste, on doit se demander si la position coranique est bien différente? Une courte histoire rapportée dans le Coran résume sa situation avec concision.

Khawlah était une femme musulmane, dont le mari a prononcé, dans un accès de colère, la formule suivante : " Tu es pour moi comme le dos de ma mère. " Les Arabes païens considéraient cette déclaration comme un divorce qui délivrait l'homme de toute responsabilité, mais ne laissait pas la femme libre de quitter le foyer du mari, ou de se marier avec un autre homme. En entendant ces mots de la part de son mari, Khawlah se trouva dans une situation misérable. Elle partit alors voir le Prophète Salla Allhou Alaihe Wa Sallam . Le Prophète Salla Allhou Alaihe Wa Sallam était de l'avis qu'elle devait être patiente puisqu'il ne voyait aucune autre issue. Khawla continua d'argumenter avec le Prophète Salla Allhou Alaihe Wa Sallam en tentant de sauver son mari age suspendu.

Bientôt, le Coran intervint ; l'appel de Khawla fut accepté. Le verdict divin abolit la coutume inique. Un chapitre entier (sourate 58) du Coran fut révélé dont le titre est "al-Mujadilah" ou " La femme qui argumente " du nom même de cet incident.

" Allah a bien entendu la parole de celle qui discutait avec toi à propos de son époux et se plaignait à Allah. Et Allah entendait votre conversation, car Allah est Audient et Clairvoyant " (58:1). Une femme dans la conception coranique a le droit d'argumenter même avec le Prophète de l'Islam en personne. Personne n'a le droit de lui intimer l'ordre de rester silencieuse. Elle n'a aucune obligation de considérer son mari comme seul et unique référence en matières de loi et religion.

SALES FEMMES IMPURES?

*L*es lois et régulations juives concernant les femmes en période de règles sont extrêmement restrictives. L'Ancien Testament considère toute femme qui a ses règles sale et imp ure.

En outre, ses proches peuvent être infectés par son impureté. Qu'elle touche une personne ou un objet, et cela devient impur pour un jour entier:
" Lorsqu'une femme a un écoulement de sang et que du sang s'écoule de son corps, elle restera pendant sept jours dans la souillure de ses règles.
Qui la touchera sera impur jusqu'au soir.

Toute couche sur laquelle elle s'étendra ainsi souillée, sera impure ; tout meuble sur lequel elle s'assiéra sera impur.
Quiconque touchera son lit devra nettoyer ses vêtements, se laver à l'eau, et il sera impur jusqu'au soir.

Quiconque touchera un meuble, quel qu'il soit, où elle se sera assise, devra nettoyer ses vêtements, se laver à l'eau, et il sera impur jusqu'au soir.
Si quelque objet se trouve sur le lit ou sur le meuble sur lequel elle s'est assise, celui qui le touchera sera impur jusqu'au soir. " (Lev. 15:19-23).

LA FEMME EN ISLAM

Due à sa nature contaminante, la femme pendant ses règles était parfois " bannie " pour éviter tout contact avec elle. Elle était envoyée dans une maison spéciale, appelée " la maison de l'impureté " durant toute la période son impureté [9]. Le Talmud qualifie une femme en règles comme " mortelle" même sans n'importe quel contact physique avec elle: " Nos rabbins nous ont enseigné : .. si une femme en règles passe entre deux (hommes), si c'est au début de ses règles, elle tuera l'un des deux, et si c'est à la fin de ses règles, elle causera un conflit entre eux " (bPes. 111a.)

En outre, le mari de la femme en état de règles était interdit d'accès à la synagogue, s'il était contaminé par une des impuretés de sa femme, même par la poussière de ses pieds. Un prêtre dont la femme, la fille ou la mère étaient en règles ne pouvait pas réciter les bénédictions de prêtres dans la synagogue [10]. C'est pourquoi, nombreuses femmes juives considèrent la menstruation comme une " malédiction ".

L'Islam ne considère pas que la femme en règles ait une sorte d'" impureté contagieuse ". Elle n'est ni " intouchable " ni " maudite ". Elle pratique sa vie normalement avec toutefois une seule restriction : un couple marié n'est pas autorisé à avoir de relations sexuelles pendant la période de menstruation. Tout autre contact physique entre eux est permis. Une femme en règles est exemptée des rituels tels que les prières quotidiennes et le jeûne pendant ses règles.

Le statut du témoignag e de la femme

*U*ne autre question sur laquelle le Coran et la Bible sont on désaccord est le statut du témoignage de la femme. Il est vrai que le Coran exige des croyants lors de transactions financières la présence de deux témoins hommes; et à défaut de deux hommes, un homme et deux femmes (2:282).

Cependant, il est aussi vrai que le Coran accepte en d'autres situations le témoignage d'une femme comme ayant le même poids que celui de l'homme. En fait, le témoignage d'une femme peut même invalider celui de l'homme. Si un homme accuse sa femme d'adultère, le Coran lui demande de jurer solennellement cinq fois pour appuyer la culpabilité de sa femme. Si la femme nie et jure de la même façon cinq fois, elle n'est pas considérée coupable et dans les deux cas le mariage est dissolu (24:6-11).

D'autre part, dans la société juive primitive, les femmes étaient interdites de témoigner [12]. Les rabbins comptaient cette interdiction de témoignage parmi les neuf malédictions infligées aux femmes à cause de la Chute (voir le chapitre "l'Héritage d'Eve").

Aujourd'hui, les femmes dans l'Israel ne sont pas autorisées à produire des preuves devant les tribunaux rabbiniques [13]. Les Rabbins justifient cette interdiction de témoignage en citant la Genèse 18:9-16, où il est établi que Sara, épouse d'Abraham, avait menti.

Les Rabbins utilisent cet incident pour prouver que les femmes ne sont pas qualifiées pour se porter comme témoins. Notons que ce récit de la Genèse 18:9-16 a été mentionné a maintes reprises dans le Coran sans aucune trace de mensonge de Sara (11:69-74, 51:24-30). Dans l'Occident chrétien, les législations Ecclésiaste et civile ont toutes deux dénié aux femmes le statut de témoin jusqu'au siècle dernier [14].

Selon la Bible, si un homme accuse sa femme d'adultère, le témoignage de cette femme ne sera pas du tout pris en compte. L'épouse accusée doit subir un procès par épreuve. Dans ce procès, l'accusée passe par un rituel complexe et humiliant supposé de prouver sa culpabilité ou, au contraire, son innocence (Nombres 5:11-31). Si la sentence la déclare coupable, elle mourra. Dans le cas de son innocence, son mari sera exempt d'iniquité.

De plus, si un homme prend une épouse et l'accuse ensuite de ne pas être vierge, le propre témoignage de l'épouse ne comptera pas. Ses parents doivent apporter la preuve de sa virginité devant les anciens de la ville. Si les parents ne peuvent prouver l'innocence de leur fille, elle est lapidée à mort devant le seuil de la maison de son père. Si ses parents sont capables de prouver son innocence, le mari sera seulement demander de payer une amende de cent shekels d'argent et il ne pourra plus la divorcer pendant toute sa vie :

" 13 Si un homme a pris une femme, et est allé vers elle, et qu'il la haïsse,
14 et lui impute des actes qui donnent occasion de parler, et fasse courir sur elle quelque mauvais bruit, et dise : J'ai pris cette femme, et je me suis approché d'elle, et je ne l'ai pas trouvée vierge :
15 alors le père de la jeune femme, et sa mère, prendront les signes de la virginité de la jeune femme et les produiront devant les anciens de la ville, à la porte ;
16 et le père de la jeune femme dira aux anciens : J'ai donné ma fille pour femme à cet homme, et il la hait ;

17 et voici, il lui impute des actes qui donnent occasion de parler, disant : Je n'ai pas trouvé ta fille vierge ; et voici les signes de la virginité de ma fille. Et ils déploieront le drap devant les anciens de la ville.
18 Et les anciens de cette ville prendront l'homme et le châtieront.
19 Et parce qu'il aura fait courir un mauvais bruit sur une vierge d'Israël, ils lui feront payer une amende de cent pièces d'argent, et ils les donneront au père de la jeune femme ; et elle restera* sa femme, et il ne pourra pas la renvoyer, tous ses jours.

20 — Mais si cette chose est vraie, si les signes de la virginité n'ont pas été trouvés chez la jeune femme,

21 alors ils feront sortir la jeune femme à l'entrée de la maison de son père, et les hommes de sa ville l'assommeront de pierres, et elle mourra ; car elle a commis une infamie en Israël, en se prostituant dans la maison de son père ; et tu ôteras le mal du milieu de toi."
(Deutéronome 22:13-21)

L'ADULTERE

Dans toutes les religions, l'adultère est considéré comme un péché. La Bible ordonne la sentence de mort sur l'homme et la femme adultères sans distinction de sexe (Lev. 20:10). L'Islam punie également l'homme et la femme adultères (24:2). Cependant, la définition coranique de l'adultère est très différente de la définition biblique. Selon, le Coran, l'adultère est l'implication d'un homme marié ou d'une femme mariée dans une affaire extra maritale.

Ce que la Bible appelle une affaire extra maritale est seulement l'adultère que commet la femme mariée (Lévitique 20:10, Deutéronome 22:22, Proverbes 6:20-7:27).

" 22 Si un homme a été trouvé couché avec une femme mariée, ils mourront tous deux, l'homme qui a couché avec la femme, et la femme ; et tu ôteras le mal [du milieu] d'Israël. " (Deut. 22:22).

" Et un homme qui commet adultère avec la femme d'un autre, — qui commet adultère avec la femme de son prochain… : l'homme et la femme adultères seront certainement mis à mort." (Lev. 20:10).

D'après la définition biblique, si un homme marié couche avec une femme non mariée, cela n'est pas considéré comme un crime du tout. L'homme marié qui maintient des relations hors mariage avec des femmes non mariées n'est pas un homme adultère et les femmes non mariées qui sont impliquées avec lui ne sont pas des femmes adultères. Le crime d'adultère n'est commis que quand un homme couche avec une femme mariée. Dans ce cas, l'homme est considéré adultère, même s'il n'est pas marié, et cela va de même pour la femme. En bref, l'adultère est réduit à toute relation sexuelle illicite impliquant une femme mariée. Toute affaire extra maritale d'un homme marié ne constitue pas en soi-même un crime selon la Bible.

Pourquoi ce double norme morale? Selon l'Encyclopédie Judaica, l'épouse est considérée comme la propriété du mari et l'adultère constitue une violation du droit exclusif du mari envers son épouse; l'épouse en tant que propriété du mari n'a pas de tels droits exclusifs sur lui [15]. C'est à dire, si un homme a des relations sexuelles avec une femme mariée, il aurait en fait violé la propriété d'un autre homme, et pour cela, sera puni.

Jusqu'à ce jour, en Israël, si un homme marié maintient des relations extra maritale avec une femme non mariée, ses enfants délivrés par cette femme sont considérés légitimes. Mais, si une femme mariée a une relation extra maritale avec un homme, marié ou non, ses enfants par cet homme sont non seulement illégitimes, mais ils sont considérés comme des bâtards, et ne peuvent se marier avec aucun juif sauf d'autres bâtards ou des convertis. Cette ségrégation est transmise aux enfants pendant dix générations jusqu'à ce que la souillure de l'adultère soit vraisemblablement partie [16].

D'une autre part, Le Coran, ne considère jamais aucune femme comme la propriété d'un homme. Le Coran décrit avec éloquence la relation entre époux en disant:

" Et parmi Ses signes Il a créé de vous, pour vous, des épouses pour que vous viviez en tranquillité avec elles et Il a mis entre vous de l'affection et de la bonté. Il y a en cela des preuves pour des gens qui réfléchissent. " (30:21)

Voici la conception coranique du mariage : amour, bonté et tranquillité, et non pas propriété et double normes.

SERMENTS?

Selon la Bible, un homme doit tenir et réaliser tous les serments qu'il a fait envers Dieu. Il ne doit absolument pas manquer à sa parole. Par contre, le serment d'une femme ne constitue pas nécessairement une obligation pour elle. Il doit d'abord être approuvé par son père, s'il habite avec elle, ou bien par son mari, si elle est mariée. Si son mari ou son père ne veulent pas endosser le serment de sa femme ou de sa fille, toute promesse de sa part devient nulle et non avenue.

" Mais si son père la désapprouve* le jour où il en a entendu parler, aucun de ses vœux et de ses obligations par lesquelles elle a obligé son âme ne demeureront obligatoires .... Son mari peut ratifier ou annuler n'importe quel voeu qu'elle fait ou n'importe quelle obligation à son âme par serment. " (30:2-15 Nombres)

Pourquoi la parole d'une femme n'est-elle pas une obligation en soi-même? La réponse est simple: la femme est la propriété de son père, avant son mariage, ou de son mari, une fois qu'elle est mariée. Le contrôle du père sur sa fille était absolu, à tel point que, le voudrait-il, il pourrait la vendre! Il est mentionné dans les écrits des rabbins: " l'homme peut vendre sa fille, mais l'épouse ne peut vendre sa fille. " [17]

La littérature rabbinique indique aussi que le mariage représente un transfert de contrôle du père vers le mari "Fiançailles : faire une femme la possession *sacramental* -- la propriété inviolable -- du mari..." De toute évidence, si la femme est considérée comme la propriété d'autrui, elle ne peut tenir les promesses que son propriétaire n'approuve pas.

Il est intéressant de noter que les directives bibliques sur la question des serments et engagements des femmes ont eu des répercussions négatives sur les femmes judéo-chrétiennes jusqu'au début de ce siècle. Une femme mariée dans le monde occidental n'avait aucun statut légal. Aucun de ses actes n'avait aucune valeur légale. Son mari pouvait répudier tout contrat, affaire de commerce ou transaction qu'elle aurait conclu. Les femmes occidentales - les plus grandes héritières de l'héritage judéo-chrétien- étaient incapables de conclure un contrat car, en pratique, elles sont la propriété d'un autre. Les femmes occidentales ont souffert depuis presque deux mille ans, à cause de l'attitude biblique envers les femmes vis-à-vis leurs pères et leurs maris. [18]

En Islam, le serment de chaque musulman, homme ou femme, est une obligation et un engagement. Personne n'a le pouvoir de répudier les promesses d'un autre. L'impossibilité de tenir un serment solennel, pour un femme ou un homme, doit être expié comme un acte inique d'après le Coran :

" Allah ne vous sanctionne pas pour la frivolité dans vos serments, mais Il vous sanctionne pour les serments que vous avez l'intention d'exécuter. L'expiation en sera de nourrir dix pauvres, de ce dont vous nourrissez normalement vos familles, ou de les habiller, ou de libérer un esclave. Quiconque n'en trouve pas les moyens devra jeûner trois jours. Voilà l'expiation pour vos serments, lorsque vous avez juré. Et tenez vos serments. " (5:89). Les Compagnons du Prophète Mohammad ﷺ , hommes et femmes, avaient pour habitude de lui prêter serment d'allégeance personnellement. Les femmes, tout comme les hommes, se présentaient à lui indépendamment et lui prêtaient serment :

" Ô Prophète! Quand les croyantes viennent te prêter serment d'allégeance, [et en jurent] qu'elles n'associeront rien à Allah, qu'elles ne voleront pas, qu'elles ne se livreront pas à l'adultère, qu'elles ne tueront pas leurs propres enfants, qu'elles ne commettront aucune infamie ni avec leurs mains, ni avec leurs pieds et qu'elles ne désobéiront pas en ce qui est convenable, alors reçois leur serment d'allégeance, et implore le pardon pour elles. Allah est certes, Pardonneur et Très Miséricordieux. " (60:12)

Un homme ne peut prêter serment pour sa fille ou sa femme. Il ne peut pas non plus répudier le serment conclu par une des femmes qui font parti de sa famille.

LES PROPRIÉTÉS DE L'ÉPOUSE?

*L*es trois religions partagent la même croyance inébranlable en ce qui concerne l'importance du mariage et de la vie de famille. Ils conviennent également sur la qualité de chef de famille octroyé au mari. Néanmoins, les différences flagrantes existent parmi les trois religions en ce qui concerne les limites de cette qualité de chef de famille. La tradition de Judéo-chrétienne, contrairement à l'Islam, étend ce pouvoir de chef de famille jusqu'à octroyer au mari la propriété de sa femme.

Au propos du rôle du mari vers son épouse, La tradition juive provient de la conception que le mari possède son épouse comme s'il possédait une esclave. [19] Cette conception fut la raison du double norme dans les lois de l'adultère et du pouvoir du mari à annuler les serments de sa femme. Cette conception a été également responsable du désavouement à l'épouse de n'importe quel contrôle sur ses propres biens ou sur ses gains. Dès qu'une femme juive est mariée, elle perdra complètement n'importe quel contrôle sur ses propres biens ou sur ses gains au profit de son mari. Les rabbins juifs affirment le droit du mari sur les biens de sa femme comme corollaire à sa propre possession sur sa femme : « Puisqu'il a pris possession d'une femme, n'est il pas logique qu'il prenne possession de ce qu'elle possédait ? », et « Puisqu'il a acquis la femme, ne devrait-il pas acquérir ses biens aussi ? » [20] Ainsi, le mariage peut rendre la femme la plus riche pratiquement sans le sou. Le Talmud décrit la situation financière de la femme comme suit :

« Comment une femme peut-elle posséder quoique ce soit ? tout ce qu'elle a appartient à son mari ; Ce qui est à lui est à lui, et ce qui est à elle est aussi à lui..... Ses propres salaires et ce qu'elle trouve dans la rue sont aussi à lui. Les objets du foyer, jusqu'aux miettes de pain sur la table sont à lui. Si elle aurait un invité à la maison et qu'elle le nourrirait, cela serait voler son mari... » (San. 71a, Git. 62a)

En fait, toute propriété de la femme juive n'a pour fonction que de susciter des prétendants au mariage. En pratique, la famille juive assigne à 1 fille une part des biens du chef de famille pour l'utiliser comme dot en cas de mariage. C'est à cause de cette dot que les filles juives sont un fardeau malvenu pour leurs pères. Le père devait élever une fille pendant des années puis la préparer au mariage en lui octroyant une généreuse dot. Ainsi, une fille de famille juive constituait un fardeau et non un atout [21]. Ce fardeau explique pourquoi la naissance d'une fille n'était pas célébrée avec joie dans l'ancienne société juive (lire la section « Filles honteuses »). La dot constituait un cadeau de mariage présenté au mari sous termes de location. Le mari était alors le propriétaire réel de la dot, sans toutefois pouvoir la vendre. L'épouse perdait tout contrôle sur sa dot au moment du mariage. En outre, on lui demandait de travailler après le mariage et que tous les gains qu'elle récolterait aillent au mari, et cela en échange de son soutien, qui est en fait son devoir. Elle ne pouvait reprendre ses biens qu'en deux occasions : le divorce ou la mort de son mari.

Si la femme fut la première à mourir, le mari hériterait de ses biens, tandis que dans le cas où le mari fut le premier à mourir, la veuve regagnerait la propriété de sa dot originale, sans qu'elle ne puisse hériter aucune part des propres biens de son époux. On doit ajouter que le prétendant devait présenter un cadeau de mariage à sa future épouse, mais une fois de plus, il est en fait le propriétaire réel de ce cadeau, et ce, tant qu'ils sont mariés. [22].

Jusqu'à récemment, Le Christianisme, suivait les mêmes règles de la tradition juive. Les autorités religieuses et civiles de l'Empire Romain Chrétien (après la Constantinople) exigeaient toutes deux un accord de propriété pour reconnaître le mariage. Les familles offraient à leurs filles des dots accroissant, et par conséquent, les hommes tendaient à se marier plus tôt, tandis que les familles reportaient le mariage de leur fille plus tard que de coutume [23]. Sous la Loi Canonique, une femme pouvait réclamer sa dot si le mariage était annulé, sauf si elle était coupable d'adultère. Dans ce cas, elle perdait son droit à la dot au profit de son mari [24]. Sous la Loi Canonique et Civile, la femme mariée en Europe et en Amérique chrétienne perdait son droit sur ses propres biens, et ce jusqu'à la fin du 19ème siècle et début du 20ème

siècle. Par exemple, les droits de la femme inscrits dans la loi anglaise furent compilés et publiés en 1632. Ces droits comprenaient : « Que ce que le mari possédait soit à lui. Que ce que l'épouse possédait soit à son mari » [25] Non seulement, l'épouse perdait ses propres biens par son mariage, mais aussi elle perdait sa personnalité. Aucun de ses actes n'avait de valeur légale. Son mari pouvait contester et annuler toute transaction commerciale ou cadeau qu'elle aurait fait, comme cela n'avait aucune valeur contractuelle ou légale. Pire encore, la personne qui avait participé avec elle à cette transaction était coupable de crime et accusée de complicité de fraude. En outre, elle ne pouvait ni attaquer en justice ni être attaquée en justice en son nom propre, ni pouvait elle attaquer en justice son propre mari [26]. En pratique, la femme mariée était traitée comme un enfant ou un mineur aux yeux de la loi. L'épouse appartenait simplement à son mari, et par conséquence, elle perdait ses biens, sa personnalité légale, et son nom de famille [27].

Depuis le 7ème siècle de l'ère chrétienne, L'Islam a octroyé aux femmes mariées la personnalité indépendante que l'Occident judéo-chrétien lui a refusée jusqu'à très récemment. En Islam, la mariée et sa famille ne sont dans aucun cas obligées à présenter un cadeau au mari. La fille de la famille musulmane n'est pas un handicap. Une femme est tellement digne en Islam qu'elle n'a pas besoin de présenter de cadeaux pour attirer des maris potentiels. C'est plutôt au prétendant de présenter à la mariée un cadeau de mariage. Ce cadeau est considéré la propriété de la mariée et ni le prétendant ni la famille de cette mariée n'ont aucun droits ou part dans ce cadeau. Dans certaines sociétés musulmanes de nos jours, un cadeau de mariage s'élevant à plusieurs centaines de milliers de dollars en diamants n'est pas une chose inhabituelle [28]. La mariée retiendra ses cadeaux de mariage, même si, plus tard, un divorce aura lieu.

Le mari n'a droit à aucune part des biens de sa femme excepté ce qu'elle accepte à lui offrir de sa propre volonté [29]. Le Coran a affirmé sa position sur cette question assez clairement :

« Et donnez aux épouses leur *mahr* [(5)], de bonne grâce. Si de bon gré, elles vous en abandonnent quelque chose, disposez-en alors à votre aise et de bon cœur. » Sourate 4, An-Nisa (Les Femmes), verset 4

Les biens de l'épouse et ses gains sont sous son contrôle total et pour son utilisation exclusive puisque la responsabilité entière de subsistance de l'épouse et des enfants incombe au mari. [30]. Peu importe la richesse de leur vie, elle n'est jamais obligée de subvenir aux besoins de la famille sauf si elle le décide volontairement. Notons enfin que les époux héritent naturellement l'un de l'autre.

En outre, une femme mariée en Islam conserve son statut juridique légal en toute indépendance ainsi que son nom de famille. [31]. Un juge américain a dit en commentant sur les droits des femmes musulmanes:

« Une femme musulmane peut se marier dix fois, mais son individualité n'est jamais absorbée par celle de ses maris successifs. Elle est une planète solaire avec son nom et sa personnalité légale proper ».[32].

DIVORCE

*L*es trois religions ont de remarquables différences dans leurs attitudes face au divorce. Le Christianisme exècre totalement le divorce. Le Nouveau Testament prône l'indissolubilité catégorique du mariage. On a attribué à Jésus la parole suivante : « Et moi, je vous dis : quiconque répudie sa femme—sauf en cas d'union illégale—l'exposer [la rend] adultère ; et si quelqu'un épouse une répudiée, il est adultère. » (Matthieu 5 :32). Cet idéal intransigeant est, sans aucun doute, irréaliste. Il suppose un état de perfection morale que les sociétés humaines n'ont jamais accompli. Quand un couple se rend compte que leur vie maritale ne peut plus se réparer, leur interdire le divorce n'arrangera rien. Forcer des caractères incompatibles à vivre ensemble contre leurs volontés n'est ni efficace ni raisonnable. Rien d'étonnant à ce que le monde chrétien ait été obligé de cautionner le divorce. Le judaïsme, d'un autre coté, permet le divorce, même sans aucune cause. L'Ancien Testament donne le droit au mari de divorcer de sa femme simplement si elle ne lui plait plus. « Lorsqu'un homme prend une femme et l'épouse, puis, trouvant en elle quelque chose qui lui fait honte, cesse de la regarder avec faveur, rédige pour elle un acte de répudiation et le lui remet en la renvoyant de chez lui, lorsque la femme est donc sortie de chez lui, s'en est allée, puis est devenue la femme d'un autre, si l'autre homme cesse de l'aimer, rédige pour elle un acte de répudiation et le lui remet en la renvoyant de chez lui, ou bien si l'autre homme qui l'avait prise pour femme meurt, alors, son 1er mari, qui l'avait renvoyée, ne pourra pas la reprendre pour en faire sa femme, après qu'elle aura été rendue impure. » (Deut. 24 :1-4).

Les versets ci dessus ont causé de nombreux débats parmi les érudits juifs à cause de leurs divergences sur l'interprétation des termes « déplaisant », « honte, et « ne pas aimer » mentionnés dans les versets.

Le Talmud retient leurs différentes opinions : « L'école de Shammai considère qu'un homme ne devrait pas divorcer sa femme sauf en cas de faute sexuelle, tandis que l'école de Hillel affirme qu'il peut la divorcer même si elle lui abîme sa vaisselle. Le Rabbin Akiba dit qu'il peut la divorcer simplement parce qu'il a trouvé une femme plus belle qu'elle » (Gittin 90a-b). Le Nouveau Testament suit l'opnion des Shammaites alors que la loi juive suit celle des Hillelites et du R. Akiba [33]. Puisque l'opinion des Hillelites a prévalu, elle constitue aujourd'hui la tradition inscrite dans la loi juive qui donne au mari la liberté de divorcer de sa femme sans aucune cause du tout.

L'Ancien Testament ne donne pas seulement le droit au mari de divorcer d'une épouse « déplaisante », c'est même une obligation que de divorcer une « mauvaise femme » : « Cœur abattu, visage renfrogné et plaie du cœur, voilà l'œuvre d'une femme méchante. Mains inertes et genoux paralysés, voilà l'œuvre de celle qui ne rend pas heureux son mari. La femme est à l'origine du péché et c'est à cause d'elle que tous nous mourons. Ne laisse pas l'eau s'échapper, ne laisse pas non plus à une femme méchante la liberté de parole. Si elle ne marche pas au doigt et à l'œil, sépare-toi d'elle et renvoie-la. » (L'Ecclésiastique 25 :23-25).

Le Talmud rapporte plusieurs actions spécifiques de l'épouse qui oblige les maris à les divorcer : « Si elle a mangé dans la rue, si elle a bu avec gourmandise dans la rue, si elle a allaité dans la rue, dans chaque cas le Rabbin Meir dit qu'elle doit quitter son mari » (Git. 89a). Le Talmud a aussi rendu obligatoire le divorce de la femme stérile (qui ne porte aucun enfant depuis dix ans) : « Nos rabbins nous enseignent : si un homme prend une femme et vit avec elle pendant dix ans et qu'elle ne porte pas d'enfant, il doit divorcer d'elle » (Yeb. 64a) Les épouses, d'un autre côté, ne peuvent pas demander le divorce dans la loi juive. Toutefois, une femme juive, peut réclamer son droit de divorce devant le tribunal juif à condition qu'elle ait une forte raison. Très peu de situations permettent à l'épouse juive de déposer une demande de divorce. Ce sont les suivantes : un mari qui souffre de défauts physiques ou de maladies de la peau ; un mari qui manque à ses responsabilités conjugales, etc. Le tribunal peut soutenir la demande de divorce de l'épouse mais il ne peut dissoudre le mariage. Seul le mari peut dissoudre le mariage en remettant à sa femme un billet de divorce. Le tribunal peut le condamner, l'emprisonner, le faire payer une amende ou l'excommunier. Toutefois, si le mari est assez obstiné, il peut refuser de lui accorder le divorce et la garder attachée à lui indéfiniment. Pire encore, il peut l'abandonner sans lui accorder le divorce et la laisser sans mari ni divorce. Il peut épouser une autre femme, ou même vivre avec une maîtresse hors union et qu'elle lui donne des enfants (ces enfants seront considérés légitimes sous la loi juive). De l'autre coté, la femme délaissée, ne peut ni se marier à un autre homme puisqu'elle est encore légalement mariée et elle ne peut ni vivre avec un autre homme car elle sera considérée comme femme adultère et ses enfants nés de cette union seront considérés illégitimes pour dix générations. Une femme qui vit cette situation est appelée agunah (femme enchaînée) [Swidler, op. cit. pp. 162-163.]]. Aux Etats Unis aujourd'hui, on trouve entre 1000 et 1500 femmes juives agunot (pluriel de agunah), alors que leur nombre approximatif en Israël atteint les 16000. Des maris extorquent des milliers de dollars de leurs femmes piégées en échange du divorce juif [34].

L'Islam occupe la position médiane entre le Christianisme et le Judaïsme en ce qui concerne le divorce. Le mariage en Islam est un lien sanctifié qui ne doit pas être brisé sauf cas de force majeure. Les couples sont encouragés à explorer toutes les voies de conciliations chaque fois que leur mariage est en danger. Le divorce n'est envisagé seulement quand aucune autre issue n'existe.

En un mot, l'Islam reconnaît le divorce, cependant, il le décourage par tous les moyens.

Considérons en premier lieu comment l'Islam reconnaît le

divorce. L'Islam reconnaît le droit aux deux partenaires de terminer leur relation maritale. Pour le mari, ce droit est appelé en Islam : Talaq. En outre, l'Islam, au contraire du judaïsme, garantit ce droit à la femme, de dissoudre le mariage par ce qui est appelé Khula'[35].

Si le mari dissout le mariage en divorçant de sa femme, il ne peut récupérer aucun des cadeaux de mariage qu'il lui a donné. Le Coran interdit explicitement aux maris divorcers de reprendre leurs cadeaux, aussi riches et importants puissent-ils être :

" Si vous voulez substituer une épouse à une autre, et que vous ayez donné à l'une un quintar, n'en reprenez rien. Quoi ! Le reprendriez-vous par injustice et péché manifeste ?"

Sourate 4, An-Nisa(Les Femmes), verset 20

Dans le cas où la femme décide de terminer son mariage, elle peut retourner ses cadeaux de mariage à son mari. Dans cette situation, le fait de retourner une partie des cadeaux de mariage est une juste compensation pour le mari qui aurait aimé garder son épouse, alors qu'elle choisit de le quitter. Le Coran enseigne au musulman de ne reprendre aucun des cadeaux qu'il a offert à son épouse exceptée dans le cas où la femme choisit de dissoudre le mariage :

" Et il ne vous est pas permis de reprendre quoi que ce soit de ce que vous leur aviez donné, - à moins que tous deux ne craignent de ne point pouvoir se conformer aux ordres imposés par Allah. Si donc vous craignez que tous deux ne puissent se conformer aux ordres d'Allah, alors ils ne commettent aucun péché si la femme se rachète avec quelque bien. Voilà les ordres d'Allah. Ne les transgressez donc pas."

Sourate 2, Al-Baqarah(La vache), verset 229

Ainsi, une femme vint au Messager d'Allah cherchant la dissolution de son mariage. Elle dit au Prophète qu'elle n'avait pas à se plaindre du comportement ou des manières de son mari. Son seul problème était qu'elle ne l'aimait pas, à tel point qu'elle ne supportait plus de vivre avec lui. Le Prophète ﷺ lui demanda : « Serais-tu prête à lui rendre son jardin (un cadeau de mariage qu'il lui avait donné) ? Elle dit : « Oui. » Le Prophète ordonna à l'homme de reprendre son jardin et d'accepter la dissolution du mariage. (Bukhari) Dans certains cas, une femme musulmane voudrait bien conserver son mariage, mais se trouve obligée de demander le divorce pour des cas de force majeure : cruauté du mari, désertion sans aucune raison, mari qui ne remplit pas ses responsabilités conjugales, etc. Dans ce genre de situation, le tribunal Musulman dissout le mariage. [36]. En bref, l'Islam a offert à la femme musulmane des droits inégaux : elle peut décider de terminer son mariage par le Khula' comme elle peut décider d'aller au tribunal pour obtenir le divorce. Une épouse musulmane ne pourra jamais rester enchaîné par un mari récalcitrant. Ce sont ces droits qui ont séduit les femmes juives qui vivaient dans les premières sociétés Islamiques du 7ième siècle. Elles cherchèrent alors à obtenir de leurs maris des billets de divorce dans ces tribunaux Musulmans. Les rabbins déclarèrent ces billets nuls et non avenus. Dans le but de mettre fin à cette pratique, les rabbins ouvrirent de nouveaux droits et privilèges aux femmes juives pour affaiblir le recours aux tribunaux islamiques. Les femmes juives vivant dans les pays chrétiens n'obtinrent pas les mêmes droits puisqu'à cause de la loi romaine de divorce en cours, il n'y avait pas de loi plus attractive que la loi juive [37]. Concentrons nous maintenant sur la façon dont l'Islam décourage le divorce. Le Prophète de l'Islam a dit aux croyants que : « de toutes les choses licites, le divorce est la plus détestée de Dieu » (Abu Daoud) Un homme musulman ne divorce pas de sa femme simplement parce qu'elle ne lui plait pas. Le Coran ordonne aux croyants d'être bons avec leur femme, même quand les émotions sont tièdes et que les sentiments sont négatifs.

" Et comportez-vous convenablement envers elles. Si vous avez de l'aversion envers elles durant la vie commune, il se peut que vous ayez de l'aversion pour une chose où Allah a déposé un grand bien."

Sourate 4, An-Nisa(Les Femmes), verset 19

Le Prophète Mohammad a donné un ordre similaire : « Un croyant ne doit pas détester une croyante. S'il la déteste pour un de ses traits de caractères, il sera content avec un autre. » (Muslim). Le Prophète a aussi insisté sur le fait que les meilleurs musulmans sont les meilleurs avec leur femme : « Les croyants qui montre la foi la plus parfaite sont ceux qui ont le meilleur caractère et les meilleurs d'entre vous sont ceux qui sont les meilleurs avec leurs épouses. » (Tirmidhi). Toutefois, l'Islam est une religion pragmatique et elle reconnaît qu'en certaines circonstances, le mariage est sur le point de s'effondre. Dans de tels cas, un simple conseil de bonté ou de maîtrise de soi n'est pas une solution viable. Alors que faire pour sauver un mariage dans ces situations ? Le Coran offre des avis pratiques pour l'homme ou la femme dont le conjoint est fautif. Pour le mari qui voit que la mauvaise conduite de son épouse menace leur mariage, le Coran donne quatre types de conseils comme détaillés dans les versets suivants :

" Et quant à celles dont vous craignez la désobéissance, (1) exhortez-les, (2) éloignez-vous d'elles dans leurs lits et (3) frappez-les. Si elles arrivent à vous obéir, alors ne cherchez plus de voie contre elles, car Allah est certes, Haut et Grand ! Si vous craignez le désaccord entre les deux [époux], (4) envoyez alors un arbitre de sa famille à lui, et un arbitre de sa famille à elle. Si les deux veulent la réconciliation, Allah rétablira l'entente entre eux. Allah est certes, Omniscient et Parfaitement Connaisseur."

Sourate 2, An-Nisa (Les Femmes), versets 34-35

Les trois premiers points sont à essayer en premier. En cas d'échec, on cherche l'aide des familles concernées. Il est à noter que battre une épouse rebelle est une mesure temporaire qui se place en troisième et ultime moyen dans les cas extrêmes, dans l'espoir que cela remédie aux méfaits de l'épouse. Si cela fonctionne, le mari n'est autorisé par aucun moyen à continuer de la contrarier, conformément au verset. si cela ne fonctionne pas, le mari n'est pas non plus autorisé à poursuivre cette mesure, et il doit ensuite explorer la mesure de réconciliation par l'intervention des familles. Le Prophète Mohammad ﷺ a enseigné aux maris musulmans de ne pas avoir recours à ces mesures excepté dans les cas de force majeure comme, par exemple, des obscénités manifestes qui seraient commises par la femme. Et même dans ces cas, la punition doit être faible et si la femme cesse, le mari ne doit plus s'irriter contre elle. « Dans la situation où elles sont coupables d'obscénité ouverte, laissez les seules dans leurs lits et infligez leur un léger châtiment. Si elles vous obéissent, ne cherchez plus à les ennuyer d'aucune façon ". (Tirmidthi)

De plus, le Prophète de l'Islam ﷺ a condamné toute punition physique injustifiée. Quelques femmes musulmanes se sont plaintes à lui des coups infligés par leurs maris. En entendant cela, le Prophète a déclaré catégoriquement : « Ceux qui commettent ces actes (battre leurs femmes) ne sont pas les meilleurs d'entre vous » (Abu Dawood). On doit se rappeler à ce point que le Prophète ﷺ a aussi dit : « Le meilleur d'entre vous est celui qui est le meilleur avec sa famille, et je suis le meilleur d'entre vous avec ma famille » (Tirmidhi). Par ailleurs, le Prophète ﷺ conseilla à une femme, nommée Fatima bint Qais, de ne pas se marier à tel homme car il était connu pour battre ses femmes. « Je vins au Prophète ﷺ et dit : Abul Jahm et Mu'awiah m'ont proposé de se marier. Le Prophète ﷺ (pour la conseiller) dit : Mu'awiah est très pauvre, et quant à Abul Jahm, il est habitué à battre les femmes. » (Muslim). On se doit de noter que le Talmud cautionne la maltraitance des épouses en la faisant passer pour une sanction nécessaire à la bonne discipline [38]. Le mari n'est pas restreint aux cas extrêmes tels que l'obscénité manifeste. Il lui est permis de battre sa femme même si elle refuse simplement de faire son ménage. En outre, le mari n'est pas limité aux légères punitions. Il lui est permis de briser l'obstination de son épouse en la fouettant ou en l'affamant [39]. Pour la femme dont la mauvaise conduite de l'époux est la cause d'une rupture prochaine du mariage, le Coran offre le conseil suivant :

" Et si une femme craint de son mari abandon ou indifférence, alors ce n'est pas un péché pour les deux s'ils se réconcilient par un compromis quelconque, et la réconciliation est meilleure". Sourate 4, An-Nisa(Les Femmes), verset 128

Dans ce cas, il est conseillé à l'épouse de rechercher la réconciliation avec son mari (avec ou sans l'assistance de sa famille). Il est à noter que le Coran ne conseille pas à l'épouse les deux mesures de l'abstention du sexe ou du châtiment corporel. La raison de cette disparité est pour protéger l'épouse d'une réaction violente d'un mari déjà à la mauvaise conduite.

Une telle réaction de violence fera souffrir autant l'épouse que le mariage. Certains érudits musulmans ont suggéré que le tribunal puisse appliquer ces peines contre le mari en lieu et place de l'épouse. C'est à dire que le tribunal avertit en premier lieu le mari rebelle, puis lui interdit le lit de son épouse, et enfin lui administre un châtiment corporel symbolique [40].

Pour résumer, l'Islam offre aux couples Musulmans mariés des conseils bien plus viables pour sauver leur mariage dans les situations de problème et de tension. Si l'un des partenaires met en danger la relation matrimoniale, le Coran conseille à l'autre partenaire de prendre les actions possibles et efficaces pour sauver cette union sacrée. Si toutes ces mesures échouent, l'Islam autorise les partenaires à se séparer en paix et à l'amiable.

LES MERES

L'Ancien Testament commande en plusieurs endroits un traitement bon et prévenant à l'égard des parents et condamne ceux qui les déshonorent. Par exemple, « Si quiconque maudit son père ou sa mère, il doit être mis à mort » (Lev 20 :9) et « l'homme sage apporte joie à son père mais l'idiot dédaigne sa mère » (Proverbes 15 :20) Même si honorer son père seul est mentionné à plusieurs endroits par exemple « l'homme sage tient compte de l'instruction de son père » (Proverbes 13 :1), la mère toute seule n'est jamais mentionnée.

En outre, on n'insiste pas particulièrement sur le traitement bienveillant dû à la mère en signe de reconnaissance de la souffrance de la grossesse et de l'allaitement. De plus, les mères n'héritent jamais de leurs enfants alors que c'est le cas des pères. [41]

Il est difficile de parler du Nouveau Testament comme une écriture qui appelle à honorer sa mère. Au contraire, on a l'impression que le Nouveau Testament considère le traitement bienveillant des mères comme un obstacle sur la Voie de Dieu. Selon le Nouveau Testament, on ne peut devenir un bon chrétien digne de devenir un disciple du Christ sans avoir détesté sa mère. On attribue à Jésus ces paroles :

« Si quelqu'un vient à moi et ne déteste pas son père, sa

mère, sa femme, ses enfants, ses frères, ses sœurs, et même à sa propre vie, il ne peut être mon disciple. » (Luc 14 :26).

En outre, le Nouveau Testament décrit Jésus comme indifférent, voire irrespectueux, de sa propre mère. Par exemple, quand elle vint le chercher pendant qu'il prêchait une foule, il ne s'est pas soucié de sa présence :

« Arrivent sa mère et ses frères. Restant dehors, ils le firent appeler. La foule était assise autour de lui. On lui dit : « Voici que ta mère et tes frères sont dehors ; ils te cherchent ». Il leur répond : « Qui sont ma mère et mes frères » ? Et, parcourant du regard ceux qui étaient assis en cercle autour de lui, il dit : « Voici ma mère et mes frères. Quiconque fait la volonté de Dieu, voilà mon frère, ma sœur, ma mère ». (Mark 3 :31-35)

On pourrait arguer du fait que Jésus essayait d'enseigner à son audience l'importante leçon que les liens religieux ne sont pas moins importants que les liens familiaux.

Toutefois, il aurait pu enseigner à ses auditeurs la même leçon sans démontrer cette absolue indifférence à sa mère. La même attitude irrespectueuse est décrite quand il a refusé d'approuver la déclaration faite par un membre de son assistance de bénédiction du rôle de la mère qui donne naissance et qui le soigne :

« Or, comme il disait cela, une femme éleva la voix du milieu de la foule et lui dit : « Heureuse celle qui t'a porté et allaité » ! Mais lui, il dit : « Heureux plutôt ceux qui écoutent la parole de Dieu et qui l'observent » ! (Luc 11 :27-28)

Si une mère de la stature de la vierge Marie a été traitée avec une telle discourtoisie, comme décrit dans le Nouveau Testament, par un fils de la stature de Jésus Christ, alors comment la mère chrétienne moyenne devrait être traitée par ses fils chrétiens moyens ?

En Islam, l'honneur, le respect et l'estime attachés à la maternité sont incomparables. Le Coran place l'importance de la bienveillance à l'égard des parents en seconde position, juste derrière l'importance de l'adoration de Dieu Tout Puissant

" Et ton Seigneur a décrété : « n'adorez que Lui ; et (marquez) de la bonté envers les père et mère : si l'un d'eux ou tous deux doivent atteindre la vieillesse auprès de toi ; alors ne leur dis point : « Fi ! « et ne les brusque pas, mais adresse-leur des paroles respectueuses, et par miséricorde ; abaisse pour eux l'aile de l'humilité ; et dis : « Ô mon Seigneur, fais-leur ; à tous deux ; miséricorde comme ils m'ont élevé tout petit "

Sourate 17, Al-Isra (Le Voyage Nocturne, versets 23-24

Le Coran en plusieurs autres endroits porte un accent sur le grand rôle de la mère qui donne naissance et qui soigne :

" Nous avons commandé à l'homme [la bienfaisance envers] ses père et mère ; sa mère l'a porté [subissant pour lui] peine sur peine : son sevrage a lieu à deux ans. »

Sois reconnaissant envers Moi ainsi qu'envers tes parents." Sourate 31, Luqman, verset 14

La place toute particulière des mères en Islam a été éloquemment décrite par le Prophète Mouhammad ﷺ :

« Un homme demanda au Prophète : 'Qui dois je honorer le plus ?'Le Prophète ﷺ répondit : 'Ta mère'. 'Et qui d'autre ? demanda l'homme, le Prophète ﷺ répondit : 'Ta mère'. 'Et qui d'autre ?' demanda l'homme,le Prophète ﷺ répondit : 'Ta mère !'. Et qui d'autre encore ? demanda l'homme. Le Prophète ﷺ répondit : 'Ton père'. (Bukhari et Muslim).

Parmi les quelques préceptes que les Musulmans observent avec piété jusqu'à aujourd'hui, on trouve le traitement des mères. L'honneur que les mères musulmanes reçoivent de leurs fils et filles est exemplaire. Les relations intensément affectueuses entre les mères musulmanes et leurs enfants ainsi que le profond respect que les hommes musulmans témoignent à leurs mères étonnent souvent les Occidentaux [43]

Bibliographie

[1]The Globe and Mail, Oct. 4,1994.

[2] Leonard J. Swidler, Women in Judaism: the Status of Women in Formative Judaism (Metuchen, N.J: Scarecrow Press, 1976) p. 115.

3. Thena Kendath, "Memories of an Orthodox youth" in Susannah Heschel, ed. On being a Jewish Feminist (New York: Schocken Books, 1983), pp. 96-97.

[4] Swidler, op. cit., pp. 80-81.

[5] Rosemary R. Ruether, "Christianity", in Arvind Sharma, ed., Women in World Religions (Albany: State University of New York Press, 1987) p. 209.

[6] For all the sayings of the prominent Saints, see Karen Armstrong, The Gospel According to Woman (London: Elm Tree Books, 1986) pp. 52-62. See also Nancy van Vuuren, The Subversion of Women as Practiced by Churches, Witch-Hunters, and Other Sexists (Philadelphia: Westminister Press) pp. 28-30.

[7]..Swidler, op. cit., p. 140.

8. Denise L. Carmody, "Judaism", in Arvind Sharma, ed., op. cit., p. 197.

[9]. Swidler, op. cit., p. 137.

[10]. Ibid., p. 138.

[11]. Sally Priesand, Judaism and the New Woman (New York: Behrman House, Inc., 1975) p. 24.

[12] Swidler, op. cit., p. 115.

[13] Lesley Hazleton, Israeli Women The Reality Behind the Myths (New York:
Simon and Schuster, 1977) p. 41.

[14] Matilda J. Gage, Woman, Church, and State (New York: Truth Seeker
Company, 1893) p. 142.

[15] Jeffrey H. Togay, "Adultery," Encyclopaedia Judaica, Vol. II, col. 313.
Also, see Judith Plaskow, Standing Again at Sinai: Judaism from a
Feminist Perspective (New York: Harper & Row Publishers,

1990) pp.

170-177.

[16] Hazleton, op. cit., pp. 41-42.

[17] Swidler, op. cit., p. 141.

[18] Gade, op. cit. p. 141.

[19] Louis M. Epstein, The Jewish Marriage Contract (New

York : Arno Press, 1973) p.149

[20] Swidler, op. cit., p. 142.

[21] Epstein, op. cit., pp. 164-165

[22] Ibid., pp. 112-113. See also Priesand, op. cit., p. 15.

[23] James A. Brundage, Law, Sex, and Christian Society in

Medieval Europe (Chicago : University of Chicago Press,

1987) p. 88.

[24] Ibid., p. 480.

[25] R. Thompson, Women in Stuart England and America

(London : Routledge & Kegan Paul, 1974) p. 162.

[26] Mary Murray, The Law of the Father (London :

Routledge, 1995) p. 67

[27] Gage, op. cit., p. 143.

[28] For example, see Jeffrey Lang, Struggling to Surrender, (Beltsville, MD : Amana Publications, 1994) p. 167.

[29] Elsayyed Sabiq, Fiqh al Sunnah (Cairo : Darul Fatah lile'lam Al-Arabi, 11th edition, 1994), vol. 2, pp. 218-229)

[30] Abdel-Haleem Abu Shuqqa, Tahreer al Mar'aa fi Asr al Risala (Kuwait : Dar al Qalam, 1990) pp. 109-112.

[31] Leila Badawi, "Islam", in Jean Holm and John Bowker, ed., Women in Religion (London : Pinter Publishers, 1994) p. 102.

[32] Amir H. Siddiqi, Studies in Islamic History (Karachi : Jamiyatul Falah Publications, 3rd edition, 1967) p. 138.

[33] Epstein, op. cit., p. 196.

[34]

[35] The Toronto Star, Apr. 8, 1995.

[36] Sabiq, op. cit., pp. 318-329. See also Muhammad al Ghazali, Qadaya al Mar'aa bin al Taqaleed al Rakida wal Wafida (Cairo : Dar al Shorooq, 4th edition, 1992) pp. 178-180.

[37] Ibid., pp. 313-318

[38] David W. Amram, The Jewish Law of Divorce According to Bible and Talmud (Philadelphia : Edward Stern & CO., Inc., 1896) pp. 125-126

[39] Epstein, op. cit., p. 219

[40] Ibid, pp 156-157

[41] Muhammad Abu Zahra, Usbu al Fiqh al Islami (Cairo : al Majlis al A'la li Ri'ayat al Funun, 1963) p. 66

[42] Epstein, op. cit., p. 122

[43] Armstrong, op. cit., p. 8.

Printed by Libri Plureos GmbH in Hamburg,
Germany

9 781805 456674